BEI GRIN MACHT SICH IHR WISSEN BEZAHLT

- Wir veröffentlichen Ihre Hausarbeit,
  Bachelor- und Masterarbeit

- Ihr eigenes eBook und Buch -
  weltweit in allen wichtigen Shops

- Verdienen Sie an jedem Verkauf

Jetzt bei www.GRIN.com hochladen
und kostenlos publizieren

Grundlagen des Sportmarketing. SWOT-Analyse, Merchandising und Licensing, Digitalisierung, Sponsoring

Josefine Dybza

Bibliografische Information der Deutschen Nationalbibliothek:

Die Deutsche Nationalbibliothek verzeichnet diese Publikation in der Deutschen Nationalbibliografie; detaillierte bibliografische Daten sind im Internet über http://dnb.d-nb.de abrufbar.

ISBN: 9783346375193
Dieses Buch ist auch als E-Book erhältlich.

Druck und Bindung: Books on Demand GmbH, Norderstedt Germany
Gedruckt auf säurefreiem Papier aus verantwortungsvollen Quellen

Das vorliegende Werk wurde sorgfältig erarbeitet. Dennoch übernehmen Autoren und Verlag für die Richtigkeit von Angaben, Hinweisen, Links und Ratschlägen sowie eventuelle Druckfehler keine Haftung.

Das Buch bei GRIN: https://www.grin.com/document/1001538

Deutsche Hochschule für
Prävention und Gesundheitsmanagement
Hermann Neuberger Sportschule 3
66123 Saarbrücken

Einsendeaufgabe

Fachmodul: Sportmarketing

Studiengang: Sportökonomie

**Datum
Präsenzphase:**   16.-19.10.2017

Name, Vorname: Dybza, Josefine

Studienort: Stuttgart

Semester: SS 16

Inhaltsverzeichnis

1 SWOT-Analyse

Im ersten Kapitel wird eine SWOT-Analyse für den Fußballklub TSG 1899 Hoffenheim durchgeführt. Die Bezeichnung „SWOT" steht für die Analyseaspekte Strengths (Stärken), Weaknesses (Schwächen), Opportunities (Chancen) und Threats (Risiken).

1.1 Unternehmensanalyse (Stärken und Schwächen)

Die Vorgehensweise beginnt mit der internen Analyse, in der die Stärken und Schwächen des Fußballclubs aufgezeigt werden. Folgende Tabelle fasst die Analyse anhand eines Stärken-Schwächen-Schemas nach Freyer (Freyer, 2011, S. 263) zusammen.

Tabelle 1: Ressourcen-Profil für die Stärken-Schwachen-Analyse für die TSG 1899 Hoffenheim

Ressourcen / Beurteilung	-5 -4 -3 -2 -1 0 +1 +2 +3 +4 +5	Bemerkungen
Leistungsangebot/Produkte		
• Preis-Leistungs-Verhältnis	+5	Ticket ab 12,00–41,00 € für Vollzahler
• Vielseitiges Angebot	+5	VIP Tickets, Rückrundendauerkarte
• Überfachliches Angebot	+5	Kindertickets, Hoffi-Club
• Klima im Team	+5	Rasanter Aufstieg in die Bundesliga
Personal		
• Kompetente Teamführung	+5	Julian Nagelsmann seit Februar 2016
• Ausbildungsphilosphie	+5	Nachwuchs aus der näheren Region
• Jugendförderung	+5	Projekt „Anpfiff ins Leben"
Finanzen		
• Mitgliedsbeiträge	+2	9.000 Mitglieder (Stand August 2017)
• Zuschüsse/Spenden	+5	Mäzen Dietmar Hopp
• Vermögen	-2	Finanzielle Abhängigkeit
Ausstattung		
• Sporthallen und Sportanlagen	+5	Trainingszentrum und Stadien
• Zeitgemäße Ausstattung	+5	Trainingszentrum Zuzenshausen
• Bau neuer Sportstätten	+5	Wirsol Rhein-Neckar-Arena
Marketing		
• Vertriebswege	+5	Onlineshop, VVK-Stellen, Fanshop
• Image	-2	negativ
• Internationalisierungsstrategie	0	Indien
• Werbung	-2	Mitgliederwerbung Homepage
• Öffentlichkeitsarbeit	+5	TSG in Afrika, Achtzehn99TV
• Sponsoring	+5	SAP, Prowin, Audi, AOK, lotto, uvm.
• Digitale Medien	+5	Homepage, Social Wall

Zunächst wird die aktuelle und zukünftige Ressourcensituation, auf dessen Basis eine Strategie entwickelt wird, ermittelt. Ein Ressourcenprofil erfasst und bewertet die vorhandenen finanziellen, physischen, organisatorischen und technologischen Ressourcen (Meffert et al., 2012, S. 239). An dieser Stelle werden nicht alle Eigenschaften des Clubs, sondern nur die erfolgsentscheidenden Faktoren betrachtet (Kotler & Armstrong et al., 2007, S. 101).

Vergleicht man das Ressourcenprofil mit den auf dem Markt herrschenden Anforderungen, ergeben sich daraus die Stärken und Schwächen. Zu den Stärken des Fußballklubs zählt die moderne Infrastruktur der Stadien und des Trainingszentrums. Mit dem Aufstieg in die erste Bundesliga im Jahre 2009 erfolgte der Neubau der Wirsol Rhein-Neckar-Arena (Hoffenheim) und bedient in zentraler Lage die Einzugsgebiete zwischen den Bundesligastandorten Karlsruhe, Kaiserslautern und Stuttgart. Im benachbarten Zuzenzhausen ließ man das Schloss Agnestal zu einem hochmodernen Trainingszentrum umbauen, wo unter anderem die Geschäftsstelle und ein Internat für die Sportler untergebracht ist (Hoffenheim). Die Heimspiele wurden in das größere Mannheimer Carl-Benz-Stadion verlegt, wobei das alte Dietmar-Hopp-Stadion von den Jugendmannschaften sowie der zweiten Mannschaft genutzt wird (TSG Hoffenheim). Eine weitere Stärke ist die Ausbildungsphilosophie. Hierbei setzt der Klub konsequent auf eigenen Nachwuchs aus der näheren Region. Die „achtzehn99 Akademie" soll Jungtalenten eine sportliche Perspektive im Verein geben und den Aufstieg in den Kader der ersten Mannschaft ermöglichen (TSG Hoffenheim). Neben der Ausbildungsphilosophie ist auch das Jugendförderzentrum eine Stärke des Klubs. Das Projekt „Anpfiff ins Leben" strebt hier eine ganzheitliche Entwicklung von Jungtalenten an. Ziel ist es einen Interessenausgleich zwischen Sportkarriere und der individuellen Berufslaufbahn zu schaffen (Achtzehn99 Akademie).

Eine Schwäche des Klubs liegt im Bereich Image. Der rasche Aufstieg von der Kreisliga in die Bundesliga wird überschattet von negativen Schlagzeilen, welche den Mäzen und SAP Software-Milliardär Dietmar Hopp in Verbindung mit der TSG Hoffenheim bringen. Vorwürfe, der Verein sei dem Kapitalismus verschrieben und verfolge nur noch wirtschaftliche Ziele, schädigen den Ruf. Des Weiteren ist die finanzielle Abhängigkeit durch den Geldgeber Dietmar Hopp eine Schwachstelle. Zuletzt ist die noch ausbaufähige Internationalisierungsstrategie des Vereins als Schwachstelle anzuführen. Bisweilen versucht der Klub wegen seiner SAP-Nähe im IT-Land Indien Fans zu gewinnen (Fritsch). Internationale Büros wie beim FC Bayern München in Shanghai oder New York sind jedoch nicht geplant (FC Bayern). Nachfolgende Tabelle fasst die Stärken und Schwächen zusammen:

Tabelle 2: Stärken und Schwächen der TSG 1899 Hoffenheim

Stärken	Schwächen
Infrastruktur	Image
Ausbildungsphilosophie	Finanzielle Abhängigkeit
Jugendförderzentrum	Internationalisierungsstrategie

1.2 Umweltanalyse (Chancen und Risiken)

Im Anschluss erfolgt die externe Analyse, in der das Unternehmensumfeld auf Chancen und Risiken untersucht wird. Die Chancen bzw. Gefahren kommen von außen und ergeben sich aus der Beurteilung der Marktattraktivität und der Antizipation zukünftiger Entwicklungen auf dem Markt (Meffert et al., 2012, S. 237). Die Ergebnisse der Umwelt- und Unternehmensanalyse werden zusammenfassend in der untenstehenden Tabelle dargestellt.

Tabelle 3: Chancen und Risiken für die TSG 1899 Hoffenheim

Chancen	Risiken
Neue Wachstumsmärkte in Technologie und Gesellschaft	Mögliche Insolvenz bei Abstieg
Globalisierung des Fußballs	Fluktuation
Digitalisierung	Manipulation, Datenschutz und Technikabhängigkeit

Eine Chance bieten neue Wachstumsmärkte im Bereich Technologie und Gesellschaft. Medienanbieter sind aufgrund der Wettbewerbssituation bereit immer höhere Summen für die Übertragung der Spiele zu zahlen und Konsumenten generieren Rekordumsätze im Merchandising. Dabei fließen bis zu 70% der Einnahmen in die Gehälter der Spieler und Berater. Diese Aufmerksamkeit lockt auch weitere Sponsoren an. Das Risiko hierbei ist, dass dem Verein bei einem möglichen sportlichen Abstieg finanzielle Schwierigkeiten bis hin zu einer Insolvenz entgegenstehen. Denn ohne TV-Übertragungen und Sky-Erlöse entfallen Einnahmen und die Sponsoren wenden sich den Vereinen in den höheren Ligen zu (Kalischek). Eine weitere Gelegenheit stellen gesellschaftliche Wandlungs- und Modernisierungsprozesse aufgrund der Globalisierung dar. Besonders der Zugang von Flüchtlingen in Deutschland bietet die Chance sozial Schwache und Randgruppen im Rahmen der Sportsozialisierung im Fußball zu integrieren. Als Risiken sind der einhergehende Wertewandel und der Verlust der Vereinsidentität zu betrachten. Die Folge kann eine Abwendung bereits bestehender Mitglieder und Mitarbeiter des Vereins sein (Schmidt, 2002). Letzteres bietet die Digitalisierung im Sport gute Zukunftschancen. Durch diese entstehen neue Geschäftsmodelle, Berufe und neue Marketingstrategien. Jedoch entstehen auch Risiken wie die Gefahr der Manipulation, Datenschutz und der Technikabhängigkeit (Ostthüringer Zeitung)

1.3 Erstellung der SWOT-Matrix

Abschließend werden die Stärken und Chancen maximiert, um die Verluste aus Schwächen und Risiken zu minimieren. Hierzu wird gezielt nach Kombinationen gesucht und gefragt, welche Initiativen und Maßnahmen sich daraus ableiten lassen (Homburg & Krohmer, 2009, S. 3479).

Die S-O-Strategien nutzen die Stärken des Klubs und kombinieren diese mit den Zukunftschancen auf dem Markt. Hierbei liegt der Schwerpunkt auf dem weiteren Ausbau von Vertriebskanälen und dem Fanshop, um Umsätze und Erlöse zu steigern. Ebenso wird die Social Wall des Vereins optimiert, um die Streueffekte der Digitalisierung zu nutzen und so die Reichweite und den Bekanntheitsgrad des Klubs zu stärken.

Die S-T-Strategien dienen dazu, Stärken zu nutzen und Risiken zu neutralisieren. Finanzielle Schwierigkeiten im Falle eines sportlichen Abstiegs können durch die Anpassung der Spielerverträge und Mitarbeiterverträge unter Rücksichtnahme eines möglichen Abstiegs abgefangen werden. Das Fluktuationsrisiko kann durch Maßnahmen im Bereich der Nachwuchsarbeit abgewendet werden. Für die Abwehrung der Folgerisiken der Digitalisierung, wie die Datenschutzfrage und die Manipulation, werden vorbereitend Worst-Case Szenarios erarbeitet. Antizipiert man diese Gefahren, können rechtzeitig Sicherheitsmaßnahmen geschaffen werden.

W-O-Strategien sollen Chancen auf dem Markt nutzen und Schwächen abbauen. Das Image soll durch soziale Projekte, welche die unternehmerische Sozialverantwortung hervorheben, stärken. Die finanzielle Abhängigkeit zu Mäzen Dietmar Hopp soll durch die Aquise von weiteren Sponsoren relativiert werden. Die schwache Präsenz im Ausland kann im Rahmen einer Internationalisierungsstrategie durch die Eröffnung von Büros im Ausland gestärkt werden.

Innerhalb der W-T-Strategien werden Verteidigungsmaßnahmen entwickelt, welche die Schwächen und Risiken abwenden. Hierbei liegt der Fokus in der Erstellung eines Finanzplans, der die finanzielle Abhängigkeit sowie die Gefahr des Abstiegs abfängt. Ebenso gilt es ein professionelles Marketingteam oder eine Marketingagentur zur Neuausrichtung des Marketings zu beauftragen und die Risiken der Manipulation und des Datenschutzes zu verwalten. In dessen Zuge ist eine Imagekampagne durch das Team sinnvoll, wobei der beschädigte Ruf des Vereins wiederhergestellt werden kann. Die Kernstrategien werden in der untenstehenden Vierfelder-Matrix zusammengefasst.

Tabelle 4: SWOT-Analyse

	SWOT-Analyse	Externe Analyse	
		Chancen (Opportunities) • neue Wachstumsmärkte in Technologie und Gesellschaft • Globalisierung • Digitalisierung	Risiken (Threats) • Mögliche Insolvenz bei Abstieg Fluktuation • Manipulation, Datenschutz und Technikabhängigkeit
Interne Analyse	Stärken (Strengths) • Infrastruktur • Ausbildungsphilosophie • Jugendförderzentrum	S-O-Strategien: • Weiterer Ausbau von Fanshop und Vertriebskanälen • Ausbau der Social Wall • Erhöhung der Reichweite	S-T-Strategien: • Integration von Szenarien vom Abstieg in die Spielerverträge • Fluktuationsrisiko kann durch Nachwuchsarbeit kompensiert werden • Vorbereitung von Worst-Case Szenarien, um die Risiken der Manipulation, des Datenschutzes aufzufangen
	Schwächen (Weaknesses) • Image • Finanzielle Abhängigkeit • Internationalisierungsstrategie	W-O-Strategien: • Maßnahmen zur Imagestärkung durch soziale Maßnahmen und Projekte (Corporate Social Responsibility) • Aquise von weiteren Sponsoren • Vorantreiben der Internationalisierungsstrategie durch Büros im Ausland	W-T-Strategien: • Aufstellung eines Finanzplans • Erarbeitung einer Imagekampagne • Neuausrichtung des Marketings: Aufstellung eines kompetenten Marketingteams oder Anstellung einer Marketingagentur

2 Merchandising und Licensing

Unter Zuhilfenahme des Entscheidungsschemas Merchandising (Rohlmann, 2011, S. 247) wird ein Merchandisingkonzept für das 30-jährige Jubiläum eines Volleyballvereins entwickelt und auf den Markt gebracht. Der Verein befindet sich in einer Stadt mit 100.000 Einwohnern und wurde im Jahr 1987 gegründet.

2.1 Wahl des Geschäftsmodells

Im ersten Schritt wird ein Geschäftsmodell gewählt. Dabei werden allgemein fünf Modelle unterschieden: Komplettes Merchandising in Eigenregie, Auslagerung betrieblicher Teilfunktionen, reines Lizenzmanagement, strategische Allianzen (Joint Venture) und die komplette Abtretung aller Merchandising-Rechte (Rohlmann, 2011, S. 248). In diesem Fall wird das zweite Modell gewählt, in dem man die Ausgliederung betrieblicher Teilfunktionen verfolgt und damit den Club finanziell, zeitlich und im Hinblick auf sachliche Ressourcen entlastet und gleichzeitig das Ausmaß der Fremdbestimmung gering hält.

2.2 Fanartikelsortiment

Danach erfolgt die Bestimmung des Fanartikelsortiments. Relevant für die Auswahl der Produkte ist die Zielgruppe, die Imageaffinität und der Nutzen für die Käufer (Rohlmann, 2011, S. 249). Das Sortiment steht einerseits in Abhängigkeit der Produktnähe zum Spielfeld. Dabei werden Artikel angeboten, welche sowohl die Bedürfnisse der Spieler (erste Ebene) als auch der Fans (zweite Ebene) sowie das persönliche Umfeld der Fans (dritte Ebene) abdecken (Riedmüller, 2011, S. 219). Zusätzlich hängt die Produktauswahl von zeitlichen Faktoren ab. Die Güter können demnach aktionsspezifisch, saisonspezifisch und saisonunabhängig sein (Riedmüller, 2011, S. 220). In diesem Fall richtet sich die Produktauswahl aktionsspezifisch nach dem Anlass des 30-jährigen Jubiläums des Volleyballvereins. Für den primären Bezug zum Spielgeschehen gibt es ein Jubiläumstrikot und einen Jubiläumsvolleyball in limitierter Auflage. Um die Bedürfnisse der Fans auf der Sportanlage abzudecken, gibt es Jubiläumsshirts und Caps. Für den Alltag des Fans und deren Umfeld werden Sonnenbrillen, Kapuzenpullover, Turnbeutel, und Vereinskekse angeboten. Alle Produkte sind in den Vereinsfarben gehalten und die Bekleidungsartikel Unisex, sodass sie Männer als auch Frauen tragen können. Zusätzlich werden bei der Bekleidung Caps, Kapuzenpullover und Jubiläumsshirts in Kindergrößen ab 7 Jahren geführt, damit eine zielgruppengerechte Auswahl angeboten werden kann. Die Sortimentsarchitektur bestimmt den Aufbau der angebotenen Fanartikel. Sie richtet sich nach Pflichtartikeln und der Verkäuflichkeit. Dabei besteht die Sortimentsarchitektur aus einem Kernsortiment, einem Zusatzsortiment und einem Randsortiment. Das Kernsortiment sind in unserem Fall alle Artikel, welche zum Wettkampfbesuch gehören und von den Fans getragen werden (Kekse, Caps, Turnbeutel, Sonnenbrillen, Jubiläumstrikots, Shirts und Kapuzenpullover). Das Zusatzsortiment führt zielgruppen- und anlassspezifische Produkte (Kinderkleidung, Volleyball). Das Randsortiment enthält vereins- und sportferne Artikel wie Sonnenbrillen, Caps und Turnbeutel (Rohlmann, 2011, S. 250).

2.3 Zielgruppen

Es wird zwischen externen (Fans) und internen (Mitarbeiter, ehrenamtliche Mitarbeiter und Absatzmittler) Zielgruppen oder primären, sekundären und tertiären Zielgruppen unterschieden (Rohlmann, 2011, S. 242-243). Die primäre Zielgruppe umfasst alle Mitglieder (sechs Breitensport- und zwei Profimannschaften), Fans und Spielbesucher des Vereins. Diese Gruppe weist aufgrund ihrer Vereinsverbundenheit eine hohe Kaufkraft auf. Die sekundäre Zielgruppe bilden die kooperierenden Schul-AGs und die Angehörigen der Vereinsmitglieder und volleyballinteressierte Personen im Einzugsgebiet. Die tertiäre Zielgruppe stellen die allgemein sportinteressierten Einwohner der Stadt und der Umgebung dar.

2.4 Preise, Konditionen und Strategien

Die Preise richten sich nach dem Wettbewerb, der Nachfrage und den entstandenen Kosten (Rohlmann, 2011, S. 253). Zusätzlich wird berücksichtigt, dass die Preise der Artikel so festgesetzt sind, dass sich Personen aus allen Lohnschichten die Artikel leisten können. Nebenbei werden die Produkte aus Anlass des Jubiläums in limitierter Auflage angeboten, um einen Kaufanreiz zu schaffen. Dabei wird die Marktpreisstrategie eingesetzt. Die Strategie verfolgt Preise, welche wettbewerbsfähig sind, sich im Marktdurchschnitt befinden und keine enormen Preisabweichungen aufweisen (Rohlmann,

2011, S. 254). In der untenstehenden Tabelle werden die Fanartikelpreise inklusive
Mehrwertsteuer dargestellt.

Tabelle 5: Übersicht der Fanartikelpreise

Fanartikelpreise	Trikot	Volleyball	Shirt	Cap	Kapuzenpullover	Sonnenbrille	Kekse	Turnbeutel
Erwachsene	30,00€	27,00€	19,00€	18,00€	25,00€	10,00€	3,00€	13,00€
Kinder	-	-	15,00€	13,00€	20,00€	-	-	-

2.5 Vertriebswege

Im nächsten Schritt gilt es geeignete Vertriebskanäle auszuwählen, um die jeweiligen
Artikel zu vertreiben. Der Verein kann hier zwischen Fremd- und Eigenvertrieb wählen
(Rohlmann, 2011, S. 252). Aufgrund der Vereinsgröße findet das Merchandising im
Eigenvertrieb statt und die Fanartikel werden im Onlineshop, sowie in einem kleinen
Fanshop auf der Sportanlage des Vereins vertrieben. Zusätzlich werden die Vereinskek-
se in der ansässigen Gastronomie der Sportstätte, sowie im jeweiligen Pausenverkauf
der kooperierenden Schulen der Stadt verkauft. An Spieltagen wird nach Bedarf zusätzlich ein mobiler Verkaufsstand eingesetzt.

2.6 Maßnahmen innerhalb der Kommunikation

Das Merchandising beinhaltet nicht nur die Herstellung und die direkte Vermarktung
der Fanartikel, sondern auch die Bewerbung und die Ankündigung der Vermarktung aus
gegebenem Anlass des Jubiläums. Aufgrund des geringen Budgets, das dem kleinen
Verein zur Verfügung steht, eignen sich Maßnahmen wie die Kommunikation über
elektronische Medien, eigene Sendeformate, Mailings und die Vereinszeitschrift
(Rohlmann, 2011, S. 255). Auf Kataloge, Magazine, Fernsehspots oder Radiowerbung
wird in diesem Fall verzichtet, da diese Maßnahmen zu kostspielig sind. Zuerst wird mit
Hilfe einer App und einem Smartphone ein 30-sekündiger Imagefilm gedreht. Dieser
zeigt Ausschnitte und Erfolge in der Historie der 30-jährigen Vereinsgeschichte und
kündigt das Jubiläum in dieser Saison an. Der emotionale Trailer kann nun auf der eigenen Homepage mit Link zum Onlineshop eingebettet werden. Zusätzlich kann er auf
allen weiteren Kanälen und Plattformen wie Facebook in einem regelmäßigen Turnus

zielgruppengerecht geschaltet werden. Hierbei wird mit einem geringen Aufwand eine große Reichweite erzielt, wobei gezielt die jüngere Generation angesprochen wird. Zusätzlich wird ein elektronisches und postalisches Mailing innerhalb des Einzugsgebiets verschickt, welches über das Jubiläum informiert und zum Jubiläumsfest an einem Spieltag einlädt. So werden die älteren Zielgruppen angesprochen. Zuletzt wird ein Sonderbeitrag im Vereinsmagazin veröffentlicht, welches die Geschichte des Vereins mit Bildern nacherzählt.

2.7 Zeitraum

Aufgrund der unterschiedlichen Eigenschaften von Dienstleistungen und Produkten, welche zuerst produziert, dann transportiert, gelagert und anschließend vertrieben werden müssen, gilt es einen Vorlauf von mindestens einem halben Jahr einzuplanen (Riedmüller, 2011). Allgemein findet die Indoor-Volleyball-Saison von Oktober bis März und die Outdoor-Beachvolleyball-Saison von April-September statt. Plant man den Verkaufsstart zum Jubiläum in der Sommersaison im April 2018, gilt es spätestens im Oktober 2017 mit der ganzheitlichen Planung, der Marketingstrategie und der Merchandisingstrategie zu beginnen.

3 Digitalisierung - Erstellung einer App

3.1 Vorstellung des Kunden

Als Mitarbeiter einer Full-Service-Agentur soll eine App für einen jugendorientierten Verein erstellt und verbreitet werden. Im ersten Schritt sollen entscheidungsrelevante Größen des hypothetischen Vereins kurz zusammengefasst werden:

Tabelle 6: Relevante Größen des jugendorientierten Vereins

Relevante Größen des Vereins	
Vereinsangebot (Kernangebot des Vereins)	Kinder- und Jugendturnen
Mitgliederanzahl	2.000.000
Anzahl bezahlter Mitarbeiter	28.000
Anzahl ehrenamtlicher Mitarbeiter	186.000

3.2 Zielgruppen und Marketingziele

Auf Basis der oben genannten Merkmale richtet sich die App an Kinder von 4-10 Jahren und an Jugendliche im Alter von 11-19 Jahren sowie an deren Eltern, welche speziell am Turnsport als auch allgemein sportlich interessiert sind. Für die Zielgruppe Kinder & Jugendliche soll sich das Image verbessern und der Bekanntheitsgrad des Vereins gesteigert werden. Ein weiteres Ziel ist das Wachstum der Mitgliederanzahl. Für die Zielgruppe der Eltern steht die Kundenbindung im Fokus und das Vertrauen in den Verein soll gefestigt werden.

3.3 Inhaltliche Themen der App

Die App soll inhaltlich vier Themenfelder integrieren, welche sowohl für den Verein, als auch für die User der App einen Mehrwert haben sollen. Der persönliche Log-In hat für den Verein den Charakter einer Verwaltungssoftware, in der Transaktionen wie Mitgliedsbeitragsabbuchungen einfach getätigt werden können. Dem User hingegen bietet das persönliche Profil die einfache Buchung von Kursen. Die Ergebnisdarstellung ist für dein Verein eine praktische Quelle zur Erstellung von Nachrichteninhalten. Für die App-Benutzer ermöglich dieses Feld einen Überblick über die persönliche Ergebnishistorie. Das Themenfeld Trainings- und Wettkampftermine ermöglicht dem Verein die interne Sportbetriebsplanung als auch den einfacheren Einsatz und die Steuerung der Mitarbeiter. Für die User ist das Feld informativ, gibt eine Übersicht der Termine und erinnert mithilfe von Push-Benachrichtigungen. Das Feld Social Wall erhöht die Aufmerksamkeit auf den sozialen Medien und schafft Reichweite. Für die Benutzer der App ermöglicht es den Austausch und die Kommunikation innerhalb der Turnergemeinschaft. In folgender Tabelle werden die Themen und die jeweiligen Mehrwerte für die zwei Benutzergruppen zur besseren Übersicht zusammengefasst:

Tabelle 7: Themen und Mehrwerte der App

Themen	Mehrwert für den Kunden	Mehrwert für den User
Persönlicher Log-In	Mitgliederverwaltung und Verwaltungssoftware	Einfache und schnelle Buchung von Kursen
Ergebnisse	Content-Management zum Erstellen von Nachrichten	Übersicht der persönlichen Ergebnishistorie
Trainings-und Wettkampftermine	Einfache Sportbetriebsplanung und Koordination der Aufgaben von Mitarbeitern	Information und Übersicht der Termine
Social Wall	Hohe Aufmerksamkeit durch Online-Präsenz	Austausch und aktive Kommunikation in der Community

3.4 Chancen und Risiken

Durch die Einführung der Vereins-App können sich Chancen als auch Risiken für den Kunden ergeben. Die neuen Anwenderfunktionen und der einfache Download der App bieten die Chance der Massenverbreitung und die Erschließung neuer Zielgruppen. Zusätzlich bieten die gesammelten Daten der User eine Möglichkeit der statistischen Auswertung. Die Daten spiegeln Präferenzen und das Verhalten der User wieder, was wertvoll für die zukünftige Ausrichtung von Marketingstrategien sein kann. Ein einhergehendes Risiko ist die technische Funktionalität der App. Die App muss als Vertriebskanal immer funktionieren und das ist mit dauerhaftem und technisch fortschreitendem Aufwand verknüpft. Ein weiteres Risiko stellen sogenannte digitale Kriminelle dar, welche an sensiblen geschäftskritischen Daten und Userdaten interessiert sind. Daher ist es wichtig, dass der Verwaltung und Betreuung der App und dem Datenschutz eine priorisierte Zuwendung zugeschrieben wird, um die Professionalität des Vereins und das Vertrauen der App-User zu sichern (Buchholz, 2015).

3.5 Steigerung des Bekanntheitsgrads und der Anzahl der App-User

Um den Bekanntheitsgrad des Vereins und die damit verbundene Anzahl der App-User zu erhöhen, gibt es verschiedene Möglichkeiten. Einerseits müssen intern bestehende Mitglieder über die neue App informiert werden. Dies kann über elektronische Mailings und postalisch erfolgen. Auf der anderen Seite gilt es Personen und Mitglieder innerhalb des Einzugsgebietes für den Download der App zu motivieren. Hier kann ein Gewinnspiel im Rahmen einer Facebook-Kampagne sinnvoll sein, welches zielgruppengerecht geschaltet wird. Eine weitere Möglichkeit bietet die Bewerbung der App im eigenen

Vereinsmagazin und in kooperierenden Turn- und Sportmagazinen. Zuletzt sollte die App sowohl auf der Homepage des Vereins als auch auf der Homepage von kooperierenden Partnern, wie Sponsoren mit einem Link zum Download im App-Store beworben werden.

4 Sponsoring eines Laufevents

In diesem Kapitel wird das Eventmarketing eines fiktiven Wirtschaftsunternehmens beschrieben, welches sich als Sponsor für ein Laufevent in der Stadt Tübingen mit rund 90.000 Einwohnern (Universitätsstadt Tübingen, 2017) beteiligen möchte. Das Event setzt sich aus einem Halbmarathon sowie einem 10-km-Lauf für Erwachsene zusammen. Es werden 3.500 Startplätze angeboten, welche in den letzten Jahren aufgrund des großen Interesses der Anwohner nach kürzestes Zeit ausgebucht waren. Zusätzlich findet ein Rahmenprogramm statt, welches einen fortwährenden Zuwachs an Zuschauern verzeichnet. Am Vortag sowie am Tag des Laufs findet für die Teilnehmer eine Läufermesse zur Vergabe der Startunterlagen statt. Mit den Unterlagen wird ein Goody Bag an die Läufer ausgegeben. Dieses enthält verschiedene Werbegeschenke (Funktionsshirt, Süßigkeiten) der Sponsoren. Beim Zieleinlauf findet ein Unterhaltungsprogramm mit Catering statt. Anschließend wird der Abend mit einer „Läuferparty" mit Livemusik und entsprechendem Getränke- und Speisenangebot abgerundet.

4.1 Beschreibung des Sponsors

Die Wahl des Sponsors fällt auf eine in der Region Baden-Württemberg ansässige Brauerei, welche seit fünf Generationen familiengeführt wird. Die Anzahl der Beschäftigten zählt 30 Mitarbeiterinnen und Mitarbeiter. Der jährliche Gesamtumsatz liegt bei rund fünf Millionen Euro.

4.1.1 Produktpalette

In der Brauerei werden jährlich ca. 35.000 Hektoliter Bier und biologische Erfrischungsgetränke hergestellt. Die Produktpalette umfasst ein ständiges Sortiment von 12 klassischen Biersorten, ein limitiertes Sortiment von fünf Biersorten und eine Auswahl an 10 Erfrischungsgetränken. Die Produkte werden in der untenstehenden Übersicht aufgezeigt.

Tabelle 8: Produktpalette des Sponsors

Produktpalette		
Erfrischungsgetränke	Limitiertes Sortiment	Ständiges Sortiment
Wasser mit und ohne Kohlensäure	Imperial Pils	Helles
Apfelschorle	Strong Ale	Dunkles
Johannisbeerschorle	Pale Ale	Hopfen Leicht
ACE-Vitamin-Getränk	Golden Ale	Radler
Apfel-Kirsch-Getränk	Whiskeybock	Radler alkoholfrei
Zitronenlimonade		Pilsner
Orangenlimonade		Weißbier
Cola-Orangen-Mix		Kristall Weizen
Isotonisches Sportgetränk		Alkoholfreies Weizen (isotonisch)
		Dunkle Weiße
		Malzbier
		Märzen

4.1.2 Zielgruppen

Die Brauerei hat drei Zielgruppen, welche sich anhand bestimmter Abgrenzungsmerkmale unterscheiden lassen. Dabei wird nach Alter, Geschlecht und nach Konsum alkoholhaltiger bzw. alkoholfreier Getränke unterschieden. Übersichtshalber werden die Zielgruppen und deren Merkmale tabellarisch dargestellt:

Tabelle 9: Zielgruppen des Sponsors

	Zielgruppen		
Abgrenzungs- merkmale	• Personen von 0-15 Jahren • Trinken alkoholfrei • Weiblich und männlich	• Personen ab 16 Jahren • Trinken alkoholfrei & alkoholhaltig • Weiblich	• Personen ab 16 Jahren • Trinken alkoholfrei & alkoholhaltig • Männlich

4.1.3 Distributionskanäle

Die Brauerei bietet den Verkauf der Produkte deutschlandweit in einem Onlineshop, über 30 verschiedene Getränkehändler und in Gastronomien an, in denen Produkte aus dem Sortiment ausgeschenkt werden.

4.1.4 Kommunikationsinstrumente

Die Vermarktung der Produkte des Unternehmens findet bislang im Rahmen der E-Communication über die eigene Homepage und den sozialen Medien statt. Eine zentrale Rolle spielt hier ein plakativer kreativer kurzer Werbefilm, der das Produktsortiment des Unternehmens zeigt und bei Gewinnspielaktionen auf Facebook geteilt werden kann. Die zu gewinnenden Preise sind Produkte aus dem eigenen Sortiment bis hin zu einer Brauereiführung inklusive Übernachtung. Ebenso ist die Brauerei mehrmals im Jahr mit einem Stand auf Messen und Ausstellungen präsent. Das Direktmarketing findet im Rahmen elektronischer als auch postalischer Mailings an Zielgruppen innerhalb des Einzugsgebiets statt.

4.2 Sponsoring Management

Die Planung des Sponsoring Prozesses aus Sicht des Unternehmens wird in verschiedene Phasen aufgeteilt. Der Prozess erleichtert die für die Brauerei relevanten Entscheidungstatbestände beim Sponsoring für das Laufevent zu entschlüsseln (Bruhn, 2010, S. 45). Folgende Phasen werden dabei behandelt: Festlegung der Ziele, Schnittmengenanalyse der Zielgruppen. Beschreibung von konkreten Sponsoring-Einzelmaßnahmen und die Beschreibung der Erfolgskontrolle des Sponsorships.

4.2.1 Festlegung der Ziele

Auf Basis der übergeordneten Unternehmensziele können nun Marketingziele abgeleitet werden. Man unterscheidet allgemein zwischen ökonomischen und psychologischen Zielen. Im Sponsoring nehmen besonders psychologische Aspekte eine Schlüsselrolle ein, da sie das Verhalten des Kunden steuern. Um die Kunden mit den Produkten und der Marke vertraut zu machen, gilt es im ersten Schritt den Bekanntheitsgrad zu steigern. Als zweites Ziel wird die Stärkung des Images verfolgt. Der Kunde soll die Marke subjektiv wahrnehmen, eine emotionale Bindung aufbauen und wissen, wofür die Marke steht (Bruhn, 2004, S. 27).

4.2.2 Schnittmengenanalyse der Zielgruppen

Nun gilt es eine Schnittmenge aus den Zielgruppen des Sponsors (Brauerei) einerseits und den Zielgruppen des Gesponserten (Laufevent) andererseits zu ermitteln. Die zwei Zielgruppen des Events bilden hier die Teilnehmer (ab 18 Jahren) und die Zuschauer (ab 0 Jahren). Einzelmaßnahmen können so speziell auf die neu gefundene Zielgruppe des Events zugeschnitten und Streuverluste vermieden werden. Die neue Zielgruppe des Events sind sportlich interessierte männliche und weibliche Personen jeder Altersklasse, welche zum einen an alkoholhaltigen als auch alkoholfreien Getränken interessiert sind. Folgende Abbildung veranschaulicht die durchgeführte Schnittmengenanalyse.

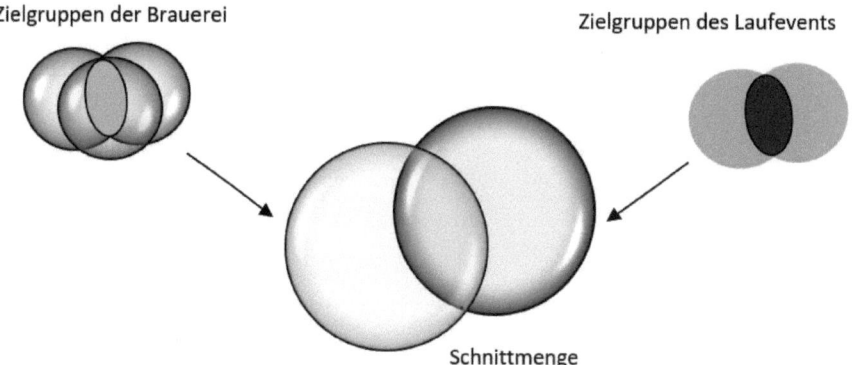

Abbildung 1: Schnittmengenanalyse der Zielgruppen

4.2.3 Sponsoring-Einzelmaßnahmen

Auf Basis der Marketingziele und der Affinität zur Zielgruppe können anschließend Einzelmaßnahmen für das Event geplant werden. Für die Läufer werden die Lauftrikots mit dem Schriftlogo der Brauerei versehen. Die Goody Bags werden mit einem isotonischen alkoholfreien Hefe-Weizen-Bier als auch einem Gutschein, der einen Rabattcode für den Onlineshop enthält, ausgestattet. Während des Laufs stellt die Brauerei die Streckenverpflegung nach 7km, 11km und 17km mit Erfrischungsgetränken bereit, wobei die Becher, als auch die Tische mit einem Werbebanner versehen sind. Der Zieleinlauf jedes Teilnehmers wird auf einer Leinwand übertragen und gleichzeitig fotografiert. Jeder Läufer bekommt gleich im Anschluss sein Foto ausgehändigt. Dabei ist auf der Leinwand als auch auf den Fotos das Logo und der Slogan des Sponsors abgebildet. Zusätzlich ist der Sponsor mit einem Getränkeangebot nach dem Zieleinlauf als auch auf der anschließenden Party am Abend vertreten. Abends wird ein exklusives Biertasting angeboten.

4.2.4 Erfolgskontrolle des Sponsorships

Die psychologischen Ziele kann man mit verschiedenen Methoden messen. Geeignet sind Methoden der Marktforschung, wie zum Beispiel die Durchführung von Kundenbefragungen. Hierzu können die Läufer und Besucher nach dem Laufevent zur Marke befragt werden. So könnte in Erfahrung gebracht werden, wie viele der befragten Personen die Marke kennen, welche Produkte sie damit verbinden und welche Einstellung sie zur Marke haben (Bruhn, 2004, S. 27).

5 Literaturverzeichnis

Achtzehn99 Akademie. (Hrsg). (2017). *Anpfiff ins Leben.* Zugriff am 25.10.2017. Verfügbar unter http://www.anpfiff-ins-leben.de/jugendsportfoerderung/standorte/achtzehn99-akademie.html

Bruhn, M. (2004). *Marketing: Grundlagen für Studium und Praxis* (7. Aufl.). Wiesbaden: Gabler.

Bruhn, M. (2010). Sponsoring. Systematische Planung und intergativer Einsatz (7., überarbeitete und erweiterte Aufl.). Wiesbaden: Gabler

Buchholz, M. (2015). Mobile Vertriebsplattformen mit Apps: Chance und Risiken für den Vertrieb. *Conplore Magazin.* Zugriff am 29.10.2017. Verfügbar unter https://conplore.com/mobile-vertriebsplattformen-mit-apps-chance-und-risiken-fur-den-vertrieb/

FC Bayern. (Hrsg). (2017). Presseerklärung. FC Bayern eröffnet China Büro in Shanghai. Zugriff am 25.10.2017. Verfügbar unter https://fcbayern.com/de/news/2017/03/presseerklarung-fc-bayern-eroffnet-china-buro-in-shanghai

Freyer, W. (2011). *Sport-Marketing. Modernes Marketing-Management für die Sportwirtschaft* (4. neu bearbeitete Auflage). Berlin: Erich Schmidt.

Fritsch, O. (2017). In Asien sind rote Vereine erfolgreicher. *Die Zeit.* Zugriff am 25.10.2017. Verfügbar unter http://www.zeit.de/sport/2015-07/bundesliga-premier-league-internationalisierung-tv-geld

Herrmanns, A., & Marwitz, C. (2007). *Sponsoring. Grundlagen, Wirkungen, Management, Markenführung (3., vollständig überarbeitete Aufl.).* München: Vahlen.

Homburg, C., & Krohmer, H. (2009). *Marketingmanagament* (3. Aufl.). Wiesbaden: Gabler.

Kalischek, I. (2017). Kommerzialisierung im Fußball: Ein Risiko für den Sport. *Neue Westfälische.* Zugriff am 25.10.2017. Verfügbar unter http://www.nw.de/sport/dsc_arminia_bielefeld/21716692_Kommerzialisierung-im-Fussball-Ein-Risiko-fuer-den-Sport.html

Kotler, P., Armstrong, G., Saunders, J., & Wong, J. (2007). *Grundlagen des Marketing* (4 Aufl.). München: Pearson.

Meffert, H., Burmann, C., & Kirchgeorg, M. (2012). *Marketing. Grundlagen marktorientierter Unternehmensführung* (11., überarbeitete und erweiterte Aufl.). Wiesbaden: Gabler.

Ostthüringer Zeitung. (Hrsg.). (2017). *Digitalisierung im Sport. Bestandsaufnahme, Potentiale und Risiken.* Zugriff am 25.10.2017. Verfügbar unter http://jena.otz.de/web/lokal/sport/detail/-/specific/Digitalisierung-im-Sport-Bestandsaufnahme-Potentiale-und-Risiken-651981543

Riedmüller, F. (2011). *Professionelle Vermarktung von Sportvereinen. Potenziale der Rechtevermarktung optimal nutzen.* Berlin: Erich Schmidt.

Rohlmann, P. (2011). *Merchandising im Sport.* In G. Nufer & A. Bühler (Hrsg.), Marketing im Sport. Grundlagen, Trends und internationale Perspektiven des modernen Sportmarketing (2 Aufl.). Berlin: Erich Schmidt.

Schmidt, W. (2002). *Der Fußball - ein Beitrag zu einer Gesellschaftskultur der Zukunft. Referate vorgetragen bei der Jubiläumstagung des WFV am 19. und 20. Oktober 2001 in Wangen/Allgäu.* Sindelfingen: Röhm.

TSG Hoffenheim. (Hrsg.). (2017). *Überblick der Akademie.* Zugriff am 25.10.2017. Verfügbar unter http://www.achtzehn99.de/akademie/zentren/ueberblick-akademie-zentren/

TSG Hoffenheim. (Hrsg.). (2017). *15 Jahre exzellente Nachwuchsförderung.* Zugriff am 25.10.2017. Verfügbar unter https://www.achtzehn99.de/newsarchiv-2/newsarchiv-2016/dezember-2016/15-jahre-exzellente-nachwuchsfoerderung/

TSG Hoffenheim. (Hrsg.). (2017). *Die Wirsol Rhein-Neckar-Arena in Zahlen.* Zugriff am 25.10.2017. Verfügabr unter http://www.achtzehn99.de/arena/daten-fakten/

TSG Hoffenheim. (Hrsg.). (2017). *Dietmar-Hopp-Stadion.* Zugriff am 25.10.2017. Verfügbar unter http://www.achtzehn99.de/frauen/service/spielorte/dietmar-hopp-stadion/

TSG Hoffenheim. (Hrsg.). (2017). *Historie.* Zugriff am 25.10.2017. Verfügbar unter http://www.achtzehn99.de/tsg/historie/

TSG Hoffenheim. (Hrsg.). (2017). *TSG setzt weiter konsequent auf Nachwuchs.* Zugriff am 25.10.2017. Verfügbar unter https://www.achtzehn99.de/newsarchiv-2/newsarchiv-2017/juni-2017/tsg-setzt-weiter-konsequent-auf-eigenen-nachwuchs/

Universitätsstadt Tübingen. (Hrsg.). (2017). Bevölkerungsfortschreibung. Zugriff am 31.10.2017. Verfügbar unter https://www.tuebingen.de/1370.html

6 Abbildungs- und Tabellenverzeichnis

6.1 Abbildungsverzeichnis

6.2 Tabellenverzeichnis

BEI GRIN MACHT SICH IHR
WISSEN BEZAHLT

- Wir veröffentlichen Ihre Hausarbeit,
  Bachelor- und Masterarbeit

- Ihr eigenes eBook und Buch -
  weltweit in allen wichtigen Shops

- Verdienen Sie an jedem Verkauf

Jetzt bei www.GRIN.com hochladen
und kostenlos publizieren